황혼을 사유思惟하다

김 수 자
제 2 시집

시인의 말

　석양은 뉘엿뉘엿 내리면서 하늘을 붉게 물들입니다.
서서히 인생을 관조하며 사유하는 것처럼 낙조 된
저녁의 정적이 깊어 갑니다.

　어둠이 깔리면서 사라져 가는 빛과 그림자들....
점점 희미해지는 세상을 보며 한없이 생각에 잠깁니다.

　뒤늦은 회한悔恨을 잔물결 위에 띄우며
흔들거리는 물결위로 비추이는 내 모습의 조각들....

　나의 나 된 것은
"모두 하나님의 은혜라"
내 욕심과 허물을 다 내려놓으니 삶의 길에서
만나는 모든 것들이 사랑스럽습니다.

　선물 받은 "오늘"을 감사하며 바쁜 일상에서도 외로움과
고독이 밀려올 때 위로와 격려의 글이 되기를 기대해 봅
니다.

　감사합니다.
　고맙습니다.
　사랑합니다.

(첫눈이 내리는 날 양천 서재에서)
김 수 자

목차

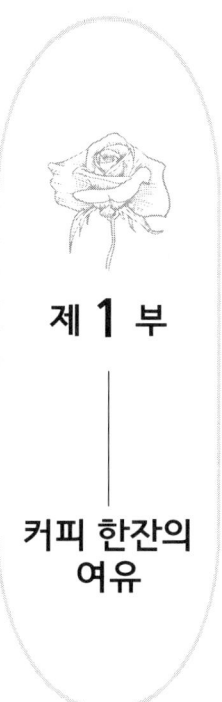

제 1 부

커피 한잔의 여유

나팔꽃 • 9
커피 한잔의 여유 • 10
바람이 스친 자리 • 11
수선화를 알현하다 • 12
소나기 • 13
스쳐간 바람 • 14
심연에 색이 있다면 • 15
연못 • 16
이팝나무 • 17
코로나 팬데믹 • 18
파도 • 19
풀잎향기 • 20
한강 • 21
소낙비 • 22
실개천 • 23
전원의 삶 • 24
낙동강 • 25
단풍잎 엽서 • 26
등대지기 • 27
물안개 • 28
석양의 향수 • 29
노을 • 30
부부에게(春香) • 31
첫눈 꽃 편지 • 32
팬데믹 속에서 • 33
가을비 • 34
과거와 현재가 공존하는 곳 • 35
행복한 삶 • 36

목차

제 2 부

―

삶을 사유하며

강변에서 • 38
강섶에 앉아 • 39
그리운 바다여 • 40
녹음방초 • 41
마음의 숲 • 42
바람 • 43
세월 • 44
언어 • 45
인생의 열매 • 46
행복한 하루 • 47
행복에 대하여 • 48
구름의 고향 • 49
독수리 • 50
세월 앞에서 • 51
열매 • 52
인생길 • 53
인생이란 • 54
인생의 만남 • 55
이 시대의 아버지 • 56
아름다운 만남 • 58
노을 길 • 59
아! 인생 • 60
삶에 대한 고찰 • 61

제 3 부

사계를 노래하다

가을의 얼굴 • 63
가을 하늘 • 64
자갈치 시장 • 65
스쳐간 바람 • 66
아침을 만끽하다 • 67
오월의 비원 • 68
유월의 기도 • 69
자연의 소리 • 70
가을 앞에서 • 71
가을이 봄보다 아름답다 • 72
꽃과 나 • 73
5월에 오시는 비 • 74
그 해 봄 강가에서 • 75
오월의 찬가 • 76
제주의 가을 • 77
태종대 (정형시) • 78
가을 향기 • 79
가을 추억 • 80
10월의 멋진 날 • 81
담쟁이 • 82
익어가는 가을 • 83
유월의 수채화 • 84
가을이 아프다 • 85
탐라의 가을 • 86

목차

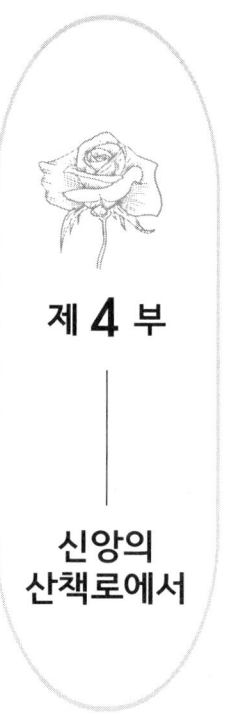

제 4 부

신앙의 산책로에서

갈보리의 합창 • 88
各各他的 十字架 • 89
청어의 삶 • 90
나의 사람아 • 91
돌아보면 • 92
마음의 감옥 • 93
기쁨과 찬양 • 94
나의 사람아 • 95
복 있는 자者 • 96
사명 깨닫게 하소서 • 97
살아있는 기쁨 • 98
바람이 스친 자리 • 99
죽음을 위한 기도 • 100
영원한 삶 • 101
말속의 향기 • 102
또 지나가리니 • 103
백세인생 • 104
산다는 것 • 105
죽음의 여로 • 106
인생의 단계 • 107
나의 선택 • 108
멋진 인생 • 109
사람의 향기 • 110
석양 • 111

제 5 부

추억을 회상하다

감나무 회상 • 113
노을 • 114
어머니 손맛 • 115
동백섬 • 116
떡국 회상(回想) • 117
어머니의 향수 • 118
삼락공원 • 119
어머니의 밥상 • 120
울릉도 • 121
탑골공원(파고다) • 122
산림의 노래 • 123
물수제비 • 124
석양 • 125
사모곡 • 126
거가대교 (거제도) • 127
한강 아리랑 • 128
파도 • 129
비등점 • 130
크로바 • 131

제 1 부

커피 한잔의 여유

나팔꽃

아침을 깨우는 빗소리 멎자
함초롬한 자줏빛 고운 자태

비개인 하늘 푸르고 맑아
오늘의 감사를 만드는 구나

이 아침 나팔꽃 이슬을 머금고
정겨운 눈빛 인사를 건넨다

활기찬 하루의 푸릇한 여정을
청춘 같이 살라하네.

커피 한잔의 여유

창밖에 가을비가 기웃 거린다
가을비 추적이는 날이면
나보다 더 외로운 사람에게 편지를 쓴다

서로 마주하며
아픔을 쓰다듬는 계절
늦가을의 아름다움은
짙으면서도 은은하고

흩어지는
물 향기처럼
멀리서 들려오는
풍경소리

살아 있음에
축배를 든다.

바람이 스친 자리

바람을 누가 보았나요
바람은 나무 잎을 속삭이며
말을 한다네 "사랑 한다고"

팔이 없어도 만지고
귀가 없어도 듣는 바람
사랑 했노라고

덧없는 사람일지 라도
영원을 노래하겠노라고
사랑했던 당신 바람의 영혼이여!

수선화를 알현하다

순수한 그대라는 이름으로
외로움을 털어 달빛을 머금고
사모하는 그대를 닮아 순백으로
파아란 눈빛 설렘으로 피어
몸과 마음 너의 꽃잎처럼 맑아
누추하지도 않고 화려하지도 않는
너의 눈망울은 순결만이 흐른다

수줍은 듯 단아하고 넉넉함이여
겸손한 너의 자태 호수 같이 맑아
슬픔의 상처 청초한 정적으로
푸른 가슴 노오란 얼굴에
과거의 옷을 벗어 내 삶을 헹군다.

소나기

정겨움이 묻어나는 텃밭
숨통을 틔우듯 정오의 빗줄기
쓰러질 듯 흔들리는 이파리 사이로
떠나가는 봄을 못내 아쉬워한다

이제 살만하다며 그리움 들추어
한 줌 햇살 담아 쌍무지개로 걸렸다.

스쳐간 바람

초록의 열정은 바람의 여정에
낙엽처럼 쓸쓸히 길을 떠난다

헐벗은 나목은 못 다한 정 아파하며
한번 가면 돌아올 수 없는 이별

바람에 스쳐간 쓸쓸함으로
긴긴밤 온몸으로 뒤척인다.

심연에 색이 있다면

마음의 숲에 별똥별이 쿵하고 떨어진다
세월이 흘러도 없어지지 않는
몽글 몽글 맺힌 감정 속절없이 흘러내린다

말과 글의 간격은 감정으로 채워지고
내딛는 걸음마다 쌓아놓은 감정의 씨앗들
심연의 푸른 가슴으로 화합 하리라

애절하게 묻어나는 심장의 유혹도
그 미소, 그 끄덕임, 그 따뜻한 포옹
강렬한 하늘빛으로 이루어 내리라.

연못

봄 햇살이 연못 위에 쏟아지면
연못 속 붕어들
긴 꼬리 흔들며 물살을 헤친다

틈틈이 물살을 가르고
바람은 봄 햇살을 몰아오며
함께 찬란한 봄을 만들고

때로는 인기척에 더 강한 힘으로
물속 깊이 들어가 아직 깨어나지 않는
생명들에 물장구를 치면

연못은 봄을 깨우며
생명의 연두 빛으로 푸르러 가고 있다.

이팝나무

바람이 분다
흔들리는 잎새는 바람을 안다

하얀 쌀밥 고봉 가득
가지 끝에 소복소복 담긴
너는 한갓 꽃나무에 지나지 않지만
탐스런 널 보고 있으면
고향집 어머니 밥상이 생각난다

세월의 아픔은 사랑으로
쌀밥은 명절에만 먹는 줄 알았던
오월의 행복을 담은 하얀 눈물꽃

보기만 해도 주먹밥 엎어 놓은 듯
어머니의 사랑을 고봉으로 먹고 싶다
초록 잎 사이로 하얀 추억 피어있다.

코로나 팬데믹

몸은 갇혔어도
마음은 나래를 펼치며
유유자적 흘러가는 구름 위에 있다

자연의 섭리에 순응해야 하리
초연한 마음으로 자연에 몸을 맡기고
대자연을 향해 보듬어 가슴을 활짝 펴보라

민초의 삶이란 역병이 창궐한
팬데믹 거리두기로 마스크하고
서로의 좀비가 아닌 신뢰와 믿음인 것을

아! 하늘이여! 푸른 물이여!
심원의 맑은 샘으로 거듭나고 싶다
시원한 바람이 구름 따라 창밖을 유혹한다.

파도

수평선 너머 파도의 울렁거림
포말로 다가오는 파도의 아우성
모래톱에 쏟아 놓는 바다이야기

철썩 철썩 쏴아~ 자신을 성찰하듯
세상사 아픔을 보듬고 안으며
은빛모래 은결드는 넓은 가슴으로

밀물로 받은 아픔 썰물로 보내며
철썩 철썩 쏴아~ 바다의 언어로
언제나 내게 삶의 교훈을 전해준다.

풀잎향기

싱그러운 풀밭 훌쩍 자란 꽃대들
털썩 주 져 앉아 하얀 옷에 물들면
하늘 향해 비상하는 나비들의 춤사위

햇살 비춰 올 때면 환한 미소로
찾아오는 이 없어도 하늘을 벗 삼아
싱그러운 풀잎 향기 온 세상 가득하렴.

한강

허기진 삶 지친 세월의 인연으로
햇살 한 아름 그리움만 있다면
사랑이란 이름으로 흘러가리라

그리움 흘러 여울목 돌아갈 때
등 떠밀어 가더라도 다투지 않고
푸르고 맑은 물결에 손잡고 가리라

별 없는 밤 속절없이 울며 가는
영혼의 눈물 젖은 시를 노래하며
고요한 침묵 속에 흘러 흘러가리라.

소낙비

소낙비 그친 오후
해맑은 강변 둘레길
함초롬한 흔적들 푸릇하구나

산들 바람 따라 짙어오는
강변 풀 섶에 뾰족이 내민
정겨운 풀꽃들 눈인사 하네

소낙비에 씻긴 밤하늘
총총히 박힌 별들의 눈빛
그믐달 따라 마실을 가네.

실개천

야트막한 실개천 속살을 들어낸다

은빛 비늘 송사리 떼
출렁이는 오후를 자맥질한다

맑은 물에 흰 구름 부려 놓고
높푸른 하늘 따라 내 마음도 흐른다

풀잎을 흔들어 피워낸 들꽃은
내 유년의 모습처럼 해맑고 곱다

물결에 실려 가는 풀꽃의 엷은
향기는 내 영혼의 청초한 삶이다.

전원의 삶

새벽녘 함초롬한 별빛에
배시시 햇살품은 아침이슬

물푸레 숲에서 풀벌레 귀뚜라미
귓전에 아카펠라 하모니 정겹네

자유의 소리 평화의 소리
평온이 흐르는 푸르른 숲 속에서

자신을 내려놓는 시간의 여백
고요가 스며들어 로망을 꿈꾸네.

낙동강

저 출렁이는 도도한 물결

사계의 의리와 자유평화가
공존하는 생명의 젖줄
머나먼 강줄기를 거슬러 올라가면
어느 산천 계곡의 돌돌 그리는
물결 서로 손에 손잡아 어깨를 걸고

부딪쳐 정으로 맞으며
냇물 되어 갈증을 절이면
아득한 그리움 이별의 눈물

짙은 쪽빛으로 가슴을 여는 남해
파도는 물때를 바꾸며
엄마의 품 같은 따뜻함으로

바튼 숨길 보듬어 씻어 안으며
가슴 절인 서러운 세월
임의 깊은 뜻 세우며

노을빛에 낙동강은 표표히 흐른다.

단풍잎 엽서

아침 이슬 털어내며
꽃잎 미소 머금고
갈바람에 흔들리는 우듬지

아스라한 아린 추억
단풍잎에 그려
애잔한 사연 띄운다

외기러기 서글픈 울음
찬바람에 상처 어루만지며

우수수 바람결
갈대숲 헤치면 아련한 그리움이
가슴속 노을 따라 길을 튼다

야트막 산자락 억새물결
넘실넘실 오솔길 따라
은빛 세월 고목에 꽃이 피듯

드높이 펼쳐진 하늘가에
훗날 다가올 내 삶의 황혼 담아
아름다운 빛깔로 엽서를 쓴다.

등대지기

그대 닮은 빛깔로
하늘과 바다가 맞닿은 곳

깊은 심원의 그리움이 파도로 울어
장엄한 교향곡이 바위에 부딪친다

고백 할 수밖에 없는 아우성
거센 파도에 베여 격랑의 썰물로 쓸어가고

이제 먼 피안
깊은 바다 속으로 회귀 할 때

절개처럼 덫에 걸려
서로를 지키는 등대지기로 서있네.

물안개

뽀얗게 소복을
걸쳐 입고
산허리 감싸 안은 채

타닥타닥 죽비로 치듯
생각을 여미며
뜨거운 찻잔을 내민다

일몰에 가라앉은 생의 편린들
아득한 피안의 손사래 치는
연민이여!

강변의 고즈넉한 찻집에 앉아
추억의 퍼즐들 꿰어
달빛 실은 강물에 띄워 보낸다.

석양의 향수

물감을 풀어놓은
석양의 하늘은

말없이 침묵하고
향수로 물들인 노을을 펼친다

마음에 담아 고이 간직한 여운
소리 없이 흐느끼며

자연의 순리에
귀 기울이며 보이지 않는

믿음과 신뢰로 하늘의 소망으로
걷고 있는 것이리니.

노을

붉은 해 삼킨 바다
선홍빛 파도 춤사위에
아쉬움의 눈물 붉게 출렁이고

수평선 맞닿은 하늘에
물고기 떼 자맥질할 때
별빛 내려앉아 물비늘로 반짝이고

어둠은 푸르고 깊어
달빛은 밤이 새도록
파도의 포말로 노을빛 토해낸다.

부부에게

한 글자로는 "짝"
두 글자로는 "하나,"
세 글자로는 "파트너"
네 글자로는 "평생 친구"

이 세상의 중심은 너희들이고,
너희를 위해 존재한다고,
서로가 서로를 보석처럼
귀히 여기면 남들도 귀히 여기듯

언제나 듬직하고 신뢰를 주는
아들, 딸이 되거라
네가 택한 사람이라면 믿을 수 있어
하늘이여! 호흡이 다 하는 날까지

너희가 만든 행복을 이웃과 나누며 살기를
기도로 축복 하노라.

첫눈 꽃 편지

무지갯빛처럼
하얀 색칠 할 때 쯤

포근한 미소로
그대의 향기로운
꽃잎에 서고 싶습니다

눈부신 새하얗게 내린 눈
온화한 눈빛
숨결 안으로 보듬어 봅니다

하얀 꽃잎
목화솜처럼 송송 뿌려
부풀어 오르는 들녘

흩어진 텅 빈 자리에
하얀 꽃잎 향기로 접어
수줍은 달빛으로 숨겠습니다.

팬데믹 속에서

관심이 단절된 것
네 탓만은 아니란다

능력의 한계 앞에
겸손을 배운 세월

역병을
이겨낸 우리
여일은 더 성숙하리.

가을비

운무로 소복소복
산허리 감싸 안고

생각을 여미는가
뜨거운 찻잔 속에

물안개
손사래 치며
연민으로 피어난다.

과거와 현재가 공존하는 곳

시린 가슴들이
서로 살을 부대끼며
가슴과 가슴 눈물로 섞어 살아왔다

형형색색 헝겊으로 만든 조각보 같은
땅과 하늘이 맞닿은 지붕들은
과거와 현재, 미래가 공존하는 곳

왕년을 뒷짐 지고 골목을 걷는
할머니의 주름진 손길이 묻어 있는 곳
오종종 앞뒷집 담장 너머 눈길에
온정의 발길 버무려 형형색색
예술인의 혼을 담아 희망 꽃을 피운다

하늘의 구름과 별이
세월의 주름진 마을 골목마다
가슴 가득 따스하게 공존하며
과거와 미래의 꿈이 영글어 간다.

행복한 삶

살면서 중요한 말은
Here & Now 이다

노년의 삶이란 고달픈 갖가지
병들과 벗 삼아 감사로 아침을 연다

아침에 눈을 뜰 수 있어 감사하고
아침이면 해를 볼 수 있고

높고 푸른 하늘
유유히 흘러가는 저 구름들

석양의 황홀함을 바라보며
마음이 여유로운 자 만이 누리는 행복이여!

제 2 부

삶을 사유하며

강변에서

따사로운 햇볕이
윤슬로 반짝이며

먼 그리움은 스쳐오는 바람 따라
자맥질하며 포말로 부서진다

물결 따라 파란 하늘 묻어나는
영혼의 쪽빛 흐르는 강가에서

내 마음 풀잎 되어 바람에 실려 가듯
노을빛에 물든 간 엷은 향기로 머물고 싶다.

강섶에 앉아

한강변 야생화 풀 섶에는
아침이슬 방울방울 무지갯빛
아름다운 세상이 열리고

영혼의 온기 모락모락 이슬을 녹이고
잔잔한 물결 따라 영혼의 향기 맡으며
당신을 향해 두 손을 모읍니다.

그리운 바다여

물안개 피어나는 새벽바다
파도 소리에 흥겨운 춤사위
안개꽃으로 빛날 때
지평선 너머 희망을 꿈꾼다

도심의 불야성에 갇혀
바다가 그리워 뒤척일 때
바다는 육지가 그리워
파도는 포말로 모래톱을 쌓는다

덧없는 날들은
시원의 해구로 돌아가리라
수평선 너머 햇덩이 들어 올리는
새벽 바다는 그리움을 용트림 한다.

녹음방초

우거진 숲을 오르다
길을 멈추고 한번쯤
돌아가는 길을 생각한다

피는 꽃이 지는 꽃을 만나듯
가는 파도가 오는 파도를 만나듯
인생이란 가는 것이 또한 오는 것

강변 풀 섶에도
초롱꽃이 한창이고
세상은 온통 푸릇한 청춘이다

정상에 오르기 전 한번쯤은
녹음에 지쳐 단풍이 오는
가을 산을 그리며 가고 싶다.

마음의 숲

세월이 흘러도 없어지지 않는
마음의 숲에 은하수가 흘러내린다

맺힌 감정도 속절없이 삭히며
내딛는 걸음마다 감정의 씨앗들 밟히고

심장을 유혹하는 애절함이여
그 순간 강렬한 눈빛으로 부서지리라.

바람

바람은 스쳐 갈뿐
흔적을 남기지 않는다

저 가지 끝에 맺힌
홍매화의 붉은 꽃망울

누구의 숨결 인가요
이 가슴에 머무는 그리움은

누가 머물다간
흔적 인가요.

세월

시공 속에 단절된 세월
코로나19 탓만은 아니다

진실함을 담은 말에도
어쩔 수 없이
망각으로 흐르는 쓸쓸함
시계는 돌아갈 뿐 그 저
정신 속에 남아 있는 관념
외로움은 미세먼지 조차도
치명적 기억의 부재일 런지.

언어

한 치의 혀는 언어를 만들고
소리와 뜻이 깃발처럼 펄럭이며
불꽃처럼 타다가 꺼져도

어떤 언어는 꿀벌이 되어
꽃밭의 둘레에서 다양하고 오묘한
삶을 풍요롭게 하나니.

인생의 열매

시련이 없으면 알맹이가 부실하고
폭풍도 가뭄 같은 갈등이 있어야
껍데기 속의 영혼이 깨어나 여문다네

우리네 삶도 매일 매일 즐겁고
좋은 일만 있다면 우리의 영혼 속에
알토란같이 옹골차지는 않으리라

그친 파도가 유능한 사공을 만들고
세상에 거친 파도 고통과 시련 속에
튼실하고 탐실한 열매를 맺는다네.

행복한 하루

어제를 바꿀 순 없지만
오늘은 마음먹기에 달려있다

눈 뜨면 아침이고
돌아서면 저녁이고

월요일인가하면
벌써 주말이고

월 초 인가하면
어느새 월 말이 되었습니다

내가 급한 건지
세월이 빠른 건지

마음속에 나는 그대로 인데
거울 속에 나는 황혼에 드리워 있고

사는 날 동안 아프지 말고
사랑하는 당신 행복했으면 좋겠습니다.

행복에 대하여

일상 감사하다고 말해 보라
내 마음이 겸손해져 따뜻한 마음이 된다

나는 행복해라고 말해보라
마음속에 용솟음치는 맑은 샘이 흐른다

세상은 아름답다고 말해보라
자연은 시시때때로 새 옷을 갈아입고

아름다운 옷매무새로 마음 한 자락이
환해져 나는 행복해진다.

구름의 고향

가는 구름과 흐르는 물은
애초에 고향이 없다

바다의 고향은 강이 있고
강의 고향은 개천이 있고
개천의 고향은 계곡이 있고
계곡의 고향은 산비탈속
옹달샘에 있다

인생에 정해진 길이란
오직 스스로 만들어 갈뿐
방법은 바로 내 안에 있다

봄에 피는 꽃 가을에 피는 꽃
겨울이 되어서야 피는 꽃도 있다

자라는 속도 피는 시기가 다르듯이
인생의 봄도 이렇게 서로 다른 것이다.

독수리

하늘과 땅을 가르며
비상의 꿈을 품어 안고
꽃잎 붉은 날갯짓
허기가 밀려드는 삶의 몸부림
갈퀴의 발톱이 끌어올린 고통
더 높이 더 멀리
끝없는 창공은 너의 길
초승달 내려앉는 숲으로
무거운 몸의 중심을 잡아낸다.

세월 앞에서

외롭지 않게 늙어갈
남은 세월 얼마나 될까
문득 깨어난 새벽에 기도를 한다

푸른 잎도 언젠가는 낙엽이 되고
예쁜 꽃도 세월 앞에서 자신을 내려놓듯

덧없이 가는 세월 그 무엇이
안타깝고 미련이 남겠는가
숲길 맑은 시냇물에 비쳐진 희끗한 머리카락
누구나 그러하듯 어디쯤 왔나보다

세월 갈수록 정겨운 벗들 하나 둘씩 떠나고
남은 사람들마저 연락이 두절되고
이별이 점점 덜컹, 가슴을 두드린다

고적한 인생길에 서로 안부 전하며
흘러가는 강물 같은 세월로 살아
바람에 등 떠밀려 모드에게 살갑고 싶다.

열매

시련이 없으면 알맹이가 시원찮고
폭풍과 가뭄 같은 갈등이 있어야
껍데기 속의 영혼이 깨어나 여문다네

우리네 삶도 매일같이 즐겁고
좋은 일만 있다면 우리의 영혼 속에
어떤 알맹이가 여물까

거친 파도가 유능한 사공을 만들고
시련이 있어야 튼실한 열매가 열리듯
세상의 고통과 시련 속에 알찬 열매 맺으리.

인생길

푸른 잎도 언젠가는 낙엽이 되고
오늘에 맞은 이 아름다움은
다시 오지 않는다

푸르른 우리의 인생도 세월 따라
덧없이 가건만 살가운 이별의 아픔은
외로움으로 남는다

고적한 인생길
함께 가는 길 서로를 격려하며
노련한 성숙함으로 낮은 삶을 살리라

아껴 쓰면 20년!~
대충 쓰면 10년!~
아차 하면 5년!~
우물쭈물하다 순간을 지나치리.

인생이란

서녘 하늘 바라보며 과거를 탄하며
석양이 아름다운들 무엇 하리요
내 인생 후회 없이 잘 가꾸어 가시게

건강은 건강 할 때 지켜가야 하는 것
인생의 삶이란 억만금으로도
생명을 연장할 수 없는 것이리니

비가 와야 우산의 필요함을 알고
병들어 아파봐야 자신을 후회함 같이
건강은 건강할 때 지켜야 하는 것이리니

인생이란 물처럼 구름처럼 흘러가는 것이리니.

인생의 만남

황혼에 외롭지 않은 행복한 삶이란
활력 있고 적극적인 긍정적 삶이다

세월은 등 떠밀지 않아도
성큼성큼 지나가고
소박한 쉼터에 앉아
아름다운 내일을 꿈꾸는 것

무엇을 위해 정신없이 살았는지
돈도, 명예도, 집착도 내려놓고
인생은 세월을 거스르는 마라톤
멀리 가려면 천천히 걸어가리라

빨리 피는 꽃은 빨리 지고
탐스러운 열매를 맺지 못하듯
얼마나 빨리 가느냐 보다
어디를 향해 가느냐가 중요하리라

지치지 않고 내 속도에 맞춰 걸으리라
한 땀 한 땀 옷을 짓듯 당신의 만남을 위해.

이 시대의 아버지

아버지라는 이름으로 살아가느라
묵묵히 집안에 울타리와 담이 되셨고
눈비 맞으며 새벽같이 일터로 나가
녹초 되어 어스름 길 휘청이셨습니다

여우같은 마누라 토끼 같은 자식들을
먹이고 입히고 공부시키는 일에
그 한 몸 다 바친 우상이셨습니다

예전엔 그래도 월급날 되면 돈 봉투라도 내밀며
마누라 앞에 폼이라도 잡으며 위세라도 떨었지만
이젠 그나마 통장으로 깡그리 입금되어 죽자고

일만 했지 돈은 구경도 못해보고
마누라에게 받는 용돈이 부족하여
갖은 애교떨며 용돈 받아가며 살았습니다
그러다 어느 날 정년퇴직하고 집만 지키는 아버지를

어머닌 삼식이라며
딸들은 힘들게 하지 말고 여행도 디니리고 하지민
어려웠던 과거를 생각하면 눈물이 앞을 가려

그저 집이나 동네에서 맴도는 아버지
"여행도 노는 것도 젊어서 해봤어야지요."
집 나와 봐야 갈 곳도 없어 공원만 어슬렁입니다

시대의 흐름이라지만 마음이 아픕니다
이 세상 아버지들이여!
이제라도 당신을 위해서 사십시오.

아름다운 만남

무언가 잃어 간다는 것은
조금씩 성숙해 간다는 것이다

지금은 더 이상 잃을 것이 없을 때
돌아보면 나 홀로 남아있을 때

그리움에 목마르던 봄날
분분히 지던 꽃잎은 얼마나 슬펐던가

더 이상 잃을 것이 없을 때
낙과여 네 마지막 투신을 슬퍼하지 말라

마지막 이별이란 빛과 향이 어울린
또 한 번의 만남인 것을

오늘도 우리는 아름다운 만남을 위해
잃어가는 연습을 해야 하리라.

노을 길

인생길에서 만난 소중한 인연들이
알뜰한 정 아낌없이 나누며

사람 냄새 물씬 풍기는
가슴 뿌듯한 여한 없는 인생길 가리라

고운 눈으로 보면 잡초 속에 핀 꽃도
곱지 않은 꽃이 없듯이

이제 노을 앞에 서있는 우리들 모습에서
부정적인 시각보다는 긍정적이고
희망적인 시각으로 세상을 바라보리라

고운 눈으로 보면 미운 것도 예쁘게 보이고
예쁜 것은 더욱 예쁘게
바라보는 마음으로

아름답고 고아한 노을 길을
우아하게 걸어가리라
인생을 보람 있게 산다는 것은
행복한 오늘을 사는 것이리니.

아! 인생

젊을 적 식탁에는
꽃병이 놓이더니
늙은 날 식탁에는
약병만 줄을 선다
아! 인생
고작 꽃병과
약병 사이인 것을….

삶에 대한 고찰

사라져 가는 것은
아름답다

황홀한 꽃들이 떨어지지 않고
나무에 붙어있다면

사람들은 꽃구경을
나서지 않았으리

사람도 나이가 들고
늙으면 쇠잔해져 가듯

사람이 늙지 않고
영원히 산다면 무슨 재미로 살겠는가

가는 곳곳마다
인파로 넘쳐나 갈대처럼 빼곡하지 않으리

사라져 가는 것들에 아쉬워하지 마라
삶이란 강물과 같이 흘러가는 것이리니

꽃도, 시간도, 사랑도, 모든 피조물마저
결국 세월가면 사라지고 마는 것을

사라져 가는 것은 또 다른
영원한 삶의 시작이려니....

제 3 부

사계를 노래하다

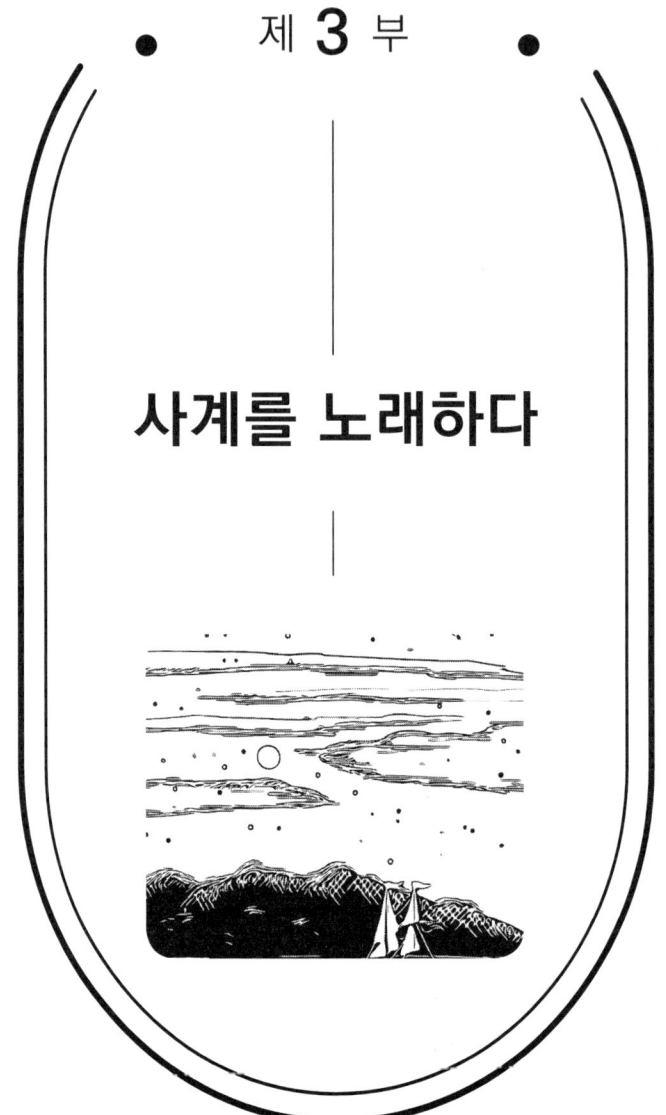

가을의 얼굴

올 해도 어김없이
바람을 끌고 와서

밤새 기웃대며
이슬로 내려 앉아

아침 햇살 환한 미소
윤슬로 반짝이며 반긴다

아! 산하를 거슬러
내게로 오는 손님이여!

가을 하늘

너의 청명한 눈으로
창공을 바라보노라면
내 마음도 맑아지나니

새처럼 날지 못해도
이름 모를 홀씨 되어
높푸른 하늘을 유영하고 싶다

구름의 날개를 잡고
찬란한 햇살 가로질러
가을 공간에 있노라면

황홀한 기운 우로 받아
더 높은 이상을 향해
더 넓은 세상 속으로
비상을 위한 우화를 꿈꾸리라.

자갈치 시장

한겨울 파도소리
종일토록 처절하게
바닷물을 토해내면
갈매기 끼룩 끼룩 피 울음소리에
검붉은 동백 꽃잎 떨어지면
해저 깊이 햇덩이 들어 올린다

수평선 너머
바다를 끌고 오는
만선의 깃발들
고기비늘 푸들거리는
아제들의 경매소리
자갈치의 아침은 눈부시다.

스쳐간 바람

초록의 열정은 바람에 날리듯
낙엽처럼 흩어져 멀리멀리

헐벗은 나목은 못 다한 정 아파하며
한번 가면 돌아올 수 없는 이별

바람에 스쳐간 그리움으로
긴긴밤 온몸으로 뒤척인다.

아침을 만끽하다

입추를 반기듯 가을비가 내린다
폭염을 밀어내고 처서가 오고 있다

하늘 높은 들녘엔 오곡이 여물고
상쾌한 설렘과 기쁨 가득
선물처럼 아침을 깨우며
하루의 시작은 우리의 선물이다

일찍 눈뜬 새가 먹이를 차지하듯
사람도 바지런한 아침을 맞으면
건강한 삶으로 행복을 누리리라

지혜로운 사람은 아침형 인간
중요한 일을 지혜롭게 처리 한다
일상의 행복은 아침으로 시작되나니.

오월의 비원

푸릇한 오월의 햇살아래
연보라 라일락꽃 향 가득
담을 에워싼 찔레꽃 선홍빛 눈물이
장미의 붉은 뒤태에 오월은 새악씨 같다

순수와 청순함이 비원의 단청에 버무려져
오월의 창공은 맑은 햇살로
다정을 반기며 꽃 웃음으로 반긴다

인왕산 채색도 어둠을 걸어 놓으면
소쩍새 울음소리 오백년 왕조를 탄하듯
가슴 깊이 그 날의 역사가 깃을 턴다

영혼을 향한 소리 없는 가르침인 양
생각은 역사를 거슬러 오늘을 성찰한다.

유월의 기도

풀잎으로 단장하고
뾰족이 내미는 그대 모습

그대 눈길 닿는 곳에
피어나는 푸르른 미소

그대 발길 닿는 곳에
꽃길이게 하소서

유월처럼 푸른 희망의
절정이게 하소서.

자연의 소리

정보의 홍수 속에
많이 배운자 많이 가진자들
신뢰 없음은 불신의 탓이랴

자연은 순리에 순응하며
믿음으로 서로를 신뢰하고
꽃이 꿀벌을 원망하지 않음 같이

인간의 나약함을 회개하듯
오늘도 차창 밖의 바람이
가을 풍광에 꽃향기를 날린다.

가을 앞에서

무언가 잃어 간다는 것은
성숙한 여인의 로망

눈이 부시게 푸르른 날을
돌아보며 더 낮아지고 비울 때

분분히 지던 낙엽 바라보며
조금씩 노을빛으로 물들어 가고

세월의 뒤안길 더 잃을 것이 없을 때
더욱 밝고 화사하게 걸어가리라

슬퍼하지 말자 이별이란
빛과 향의 조화이려니

맑은 영혼과 넉넉한 마음으로
향기 가득 피어나는 것이리니.

가을이 봄보다 아름답다

청명한 가을 하늘을 향해
해맑게 핀 코스모스
화려 하지는 않지만 친근하다

가을이 아름다운 것은
사색의 계절 속에 이름 모를 풀꽃도
우리를 일깨워 주는 것을 보면

겸손한 자세로 단풍 한 잎 한 잎
지나온 소박한 삶을 얘기하며
맑은 하늘을 보며 진실은 더 투명해진다.

꽃과 나

계절의 향기 들숨과 날숨 사이
언제 피었는가 순간에 피는 저 꽃들
철석 이는 물소리도 봄볕에 일렁인다
고요한 강변 길목 못다 그린 풍경화
풀꽃 사이 고개 내민 잔털 박이 꽃 봉우리
강물에 비친 비늘구름 가는 봄 아쉬워라.

5월에 오시는 비

가슴을 밟고 내리는 비 누구의 눈물입니까
불면의 시간 마음 저리도록 슬피 우는데
신새벽 창밖은 간밤의 생각들로 흘러갑니다

알 수 없는 고뇌의 착잡한 머릿속은
온통 당신의 모습 조각조각 모자이크되어
곁에 있을 것만 같은 환영幻影에 가슴이 뜁니다

불러보아도 메아리 없는 현실 앞에 망연자실
천년을 사는 것도 아닌, 삶의 뒤안길에서
당신을 해후할 때 후회하지 않을 삶을 위해

살아 있음에 감사하며 사랑하며 추억하며
오늘도 한 뼘 두 뼘 세월을 적시며
훗날 오월 비 내리는 밤 옛날을 부려놓고
정성으로 우려낸 목련차를 음미하겠습니다.

그 해 봄 강가에서

겨울잠 눈 부비고 봄을 들어올려
뾰족한 애잎 영롱한 눈빛 파르라니
햇살 우로 받아 연초록 빛 몸을 터는
저 아득한 연둣빛 나래를 펼친다

어느 날 우뚝 솟은 슬픔의 씨앗들
대지에 우거진 숲 하늘을 하늘향할 때
솜털 같은 봄비에 붉은 꽃으로 부활한다

쉼 없이 흐르는 강물 따라 언덕 너머에
가댁질하던 허기진 철새들 소리죽여
떠나온 고향 마음속에 고인 눈물 흘리듯

한 해도 거르지 않고 이름 모를 들꽃송이
자연의 섭리로 받아든 선물 남기고 간다.

오월의 찬가

귀한 아가 자라나서
씩씩한 어린이가 되라고

오월에 피어나는 새싹처럼
싱싱하고 푸르게 뛰놀며
미래의 꿈 우리의 희망

맑고 푸른 이상을 품고
어질고 바른 품성을 익혀
어린이는 나라의 보배

어린이는 내일의 희망
어린이는 가정의 웃음
어린이는 삶의 보람

어린이는 무한한 재산
존중하고 사랑으로 키워
오월 같은 세상 만들어 보세.

제주의 가을

바다와 하늘의 경계선은 어디쯤인가
초록만 고집하는 단풍 없는 제주 가을
마른빨래가 창공에 흩날리는 절규를
침묵에서 꺼내듯

비장의 선율은 가슴 바닥에서
마구 퍼내던 10월의 유혹도
죽음보다 선명하게
황혼 녘 나를 동여맨다

바람의 발자국은 아스라한데
비릿한 포구의 은빛 비늘 반짝이는
모래톱을 넘는 파도의 아우성
가을의 따가운 햇살이 짭조름하다

묵시적 언어의 혼잣말들이
물을 들이켜 하늘을 보고 돌아서는
한라산 백록담 사슴의 무리가 화들짝
구절초 손사래에 꼬리를 감추는 노을빛

가을은 시어를 고르며 깊어가고 있다.

태종대
(정형시)

한겨울 파도소리
처절하게 울어대면
바닷새 끼룩끼룩
피울음 그 소리에

동백꽃
붉은 꽃잎이
애닲게 지고 있다

수평선 아스라니
햇덩이 퍼 올릴 때
너울 파도 헤치며
만선 깃대 펄럭이면

눈부신
대종대의 아침
고기비늘 번득인다.

가을 향기

윤슬로 빤짝이는 물결에
가을 향기 날리면
고운 빛깔로 옷매무새 한 채
소박한 들꽃 향기 품는다

조금은 쓸쓸해지는
가을 빗줄기 흙 내음 담아
낯설게 익어가는 기억 저편

바람결 가을 향기 벗 삼아
임이 오시는 길목에
고운 낙엽 밟으며 해후하리라.

가을 추억

푸르렀던 날들 추억 속에 잠들고
찬 서리에 맥없이 뒹구는 낙엽 같은 인생이
왠지 서럽게 흔들린다

저 멀리 그리움 너머로
푸르른 가슴 벅차도록 환희에 찬 날들이
낙엽처럼 흩날릴 때

아련한 그리움은 눈물 되어
내면으로 흘러내리고
받은 사랑 받은 은혜 헤아려 보리라

마음이 햇살처럼 해맑은 사람은 표정에서
온기가 느껴지듯이 기왕이면
한번 뿐인 인생길에서

이기적인 욕심보다 넉넉한 이타심으로 이해와 용서와
사랑을 아낌없이 베풀 줄 알 때
우리에게 남은 시간은 좀 더 아름답고
좀 더 향기로움으로 채워지리라.

10월의 멋진 날

갈바람의 흔들림에
구름 따라 길을 나선다

가을이 건네주는
아늑함을 껴안고

하늘빛 고운 이야기를
구름과 바람한테 들어보렴

꽃잎이 스쳤던 자리에
그리움이 호수처럼 고여 있고

따사로운 햇살이 몸을 낮추고
향기로운 가을빛 향연에

감사와 찬사를 보내며
낙엽 한 잎에도 계절의 여유로움 느낀다

10월은 청명한 가을 하늘처럼
깊고 넓은 어머니 사랑을 닮았어라.

담쟁이

싱그러운 초록의 질긴 줄기
실핏줄로 번져
그리움의 무늬를 만들며
베를 짜듯 담장을 오른다

허공의 바람 온 몸으로 받으며
아무도 잡아주지 않아도
서로가 서로를 의지하며
삶의 외벽을 질주 한다

앞서 오르던 담쟁이도
미처 오르지 못한 채
새 잎의 몸을 꼬아
담벼락을 덮을 때

한 폭은 승리의 개가가 되고
견디어 낸 세월의 자존심이 된다.

익어가는 가을

푸른 하늘과 비늘구름
물안개 내리는 강변에는
갈대가 흔들리며 물들어 가고

석양이 곱게 물든 시간
그리움의 조각들이
새록새록 외로움을 달랜다

가을의 끝자락 목쉰 풀벌레
노을 뒤에 숨고
삶이 지칠 때마다 고도를 기다린다

바람과 갈대의 울음소리
낙엽 타는 냄새에 마음을 열고
노을이 숨어버린 시간에 고요에 물든다.

유월의 수채화

설렘을
가득 안고
솔바람 맞으면서

푸른 햇살
듬뿍 받아
유월 하늘 안아보며

영원히
마르지 않는
풀꽃으로 남고 싶다.

가을이 아프다

초로와 같이 흩날리는 낙엽들
그루터기에 걸터앉아 젊은 날의
추억을 그리며 수 없는 가을은 가고

산허리 소복을 고쳐 입은 황혼은 깊어
누군가 저승길로 황급히 떠나는
엠블런스 울음은 메아리로 지고 있는데

빈자리마다 국화 향 눈물처럼
이 가을을 안고 통곡하는가 보다
누군가 쉬었다 간 빈자리엔
갈대숲이 수의처럼 흔들리며 서걱이고

가지 끝에 붙어있는 마른 잎사귀들은
이 가을에 왜 이리도
돌아올 수 없는 강물처럼 흐르는가

이 가을을 마주한 눈가엔 눈물이 고이고
가슴을 밟고 오는 젖은 슬픔
한 덩이씩 푹푹 길어 올리고 있다.

탐라의 가을

바다가 하늘에 떠 있듯
초록만 고집하는 단풍 없는 제주 가을
마른빨래가 창공에 남아있는 절규를
침묵에서 꺼내듯

비장의 선율은 가슴 바닥에서
마구 퍼내던 10월의 유혹도
죽음보다 선명하게
황혼녘 내 가슴을 물들인다

바람의 발자국을 따라
애머랄드빛 윤슬의 흔적
누 억 년 절여진 짭조름한
백사장 위로 숱한 편린들 반짝인다

묵시적 언어 구름으로 내려앉고
명경지수 하늘이 수평선에 걸려
가을의 따스한 청취로 다가서면
바람의 언어로 그리움의 시를 빚는다.

제 4 부

신앙의 산책로에서

갈보리의 합창

갈보리의 십자가
겟세마네 동산!
구주의 피 흘린 자국에
용서가 맺힙니다
울부짖음이 들립니다
나를 앙망하라,
"그리하면 구원을 얻으리라"

죄인들이여!
"그가 엘리 엘리 라마 사박다니"
부르짖는 외마디 소리를!~
"그가 다 이루었다"라고 외치는 소리를!

오 그대여!~
죽음 속에 매달려 숙여져 있는 십자가를!~

돌들이 노래할 것이며
산들이 양처럼 뛰놀며
태양이 합창을 지휘할 것이라.
달은 그의 은빛 하프를 연주하면서
별들은 그 소리에 맞춰
환희의 노래를
합창할 것이라

오! 할렐루야! ~ ~
오! 할렐루야! ~ ~

各各他的 十字架

客西马尼 山!
救主 流血的 痕迹
迎来 赎罪的 果实。
听到 哭泣的 声音
仰望 我
"都必得救"

罪人们! 要听到 他的 呼喊
"以利 ,以利 ,拉马撒巴各大尼"
"都成了"

啊 你们! 要看
被掉在 死阴的 十字架!

石头们 会唱歌
高山如 野山羊 跑来跑去
太阳 指挥 合唱
月亮 演奏 银色的 竖琴
星星 随着 奏曲 合唱欢喜的 歌

啊 哈里路呀
啊 哈里路呀

청어의 삶

생명보다 귀한 것이
무엇일까요

나 자신과 내 소유를 위해 살았던
지난날이 무의미 하다는 것을 절실히 느낀다

살아보니
지나고 보니 인생의 절정기는 철없는
청년시기가 아니라

인생의 매운 맛 쓴맛 다 보고
무엇이 참으로 소중한 지를 진정 음미 할 수 있는 시기
60대중반 70대 중반이 삶의 황금기 였다는 것을 안다

우리의 삶은
잠시 하나님께 빌린 것
우리는 잘 쓰고 가야 한다

인생의 절정기인 지금
열심히 즐겁게 봉사하며 살아요

베풀어 주신 은혜와 이곳 까지 인도해 주심에 감사하며 살아요.

나의 사람아

긴 밤 나의 기도는
하늘의 미리내를 유영하며
수많은 별똥으로 응답하리라

그리운 사람아
수줍은 너의 등 뒤에
노을이 황혼 길을 비추리라

못 다한 사랑 먼 피안의
기다림은 그리움의 위안이 되고
긴 여운의 기도로 안부를 묻는다.

돌아보면

돌아보면 혼자인데
기도하니
하나님께서 동행 하십니다

돌아보면 사방이 꽉 막혀 있는데
기도하니
하늘 문이 활짝 열렸습니다

돌아보면 내가 한 것 같은데
알고 보니
하나님이 하신 것입니다

내가 여호와를 기다렸더니
하나님이
귀를 기울이사 나의
부르짖음을 들으셨습니다.

마음의 감옥

나와 행복 사이에는 두려움이 있고

내가 만든 내 안에 마음의 감옥이 있다

내 안에 두려움이 마음의 감옥을 만들고

불편함과 두려움의 영역 안에

편안함의 영역으로 옮기는 훈련은

임마누엘 하나님이 나와 함께 하실 때

마음의 감옥을 벗어나 행복을 찾으리니.

기쁨과 찬양

나는 보았네 꽃들의 밝은 웃음을
나는 들었네 꽃들의 합창을

시린 가슴 눈물 흘릴 날 많고
쪼들린 살림 탄식도 할 만한데

이슬 머금은 활짝 핀 나팔꽃
생명 주심에 감사하네

삶의 기쁨 찬양하는 밝은 아침
햇살 주신 하나님을 찬미하네

기뻐할 줄 알고 감사 할 수 있어
거친 길섶도 가리지 않는 지혜로운 꽃이었네

이 모든 것 하늘에 소망을 둔 이유였고
기쁨과 찬송은 주님 만난 까닭이었네.

나의 사람아

긴 밤 나의 기도는
하늘의 물소리를 듣는다
수많은 별들과도 속삭이리라

그리운 사람아
수줍은 너의 등 뒤에
황혼이 붉은 노을이 되어

못 다한 사랑
먼 피안의 기다림은
긴 여운의 기도가 된다.

복 있는 자者

무능한 자는 복이 있나니
나의 무능함을 깨닫게 될 것임이라

무능함을 깨닫는 자는 복이 있나니
하나님을 의지하게 될 것임이요

하나님을 의지하는 자는 복이 있나니
하나님이 이루실 것임이요

하나님의 이루심을 보는 자는 복이 있나니
그가 세상에서 담대할 것임이라

담대한 자는 복이 있나니
세상을 이길 것임 이니라

세상을 이기는 자는 복이 있나니
그가 소망을 가지게 될 것임이라

소망을 가진 자는 복이 있나니
그 소망으로 오늘을 살아갈 힘이 됨이니라.

사명 깨닫게 하소서

우리의 뉘우침과 회개
실패하여도
넘어지지 않게 붙드시고

교만과 자만을
허락하시지 않는 주님

나의 연약함을
고백하시기를 원하시는 주님

내게 주신 모든 것
내 것 아님을 고백하게 하소서

내게 맡겨주신 사명
영혼을 깨닫게 하소서.

살아있는 기쁨

사람은 작은 우주다
하늘의 섭리에 따라
살아 있다는 건 얼마나 고마운 일인가

풀벌레 우는 소리
새벽잠 깨우고
밤새 어둠을 살라먹은 햇덩이 들어 올린다

소중하여라
오늘도 나를 일어 켜 세우는 주님!
우주를 다스리시는 힘!

살아있는 기쁨
아름다운 세상
세상이 아무리 넓고 우주가 크다 해도

주님 없으면 무슨 소용일까
살아있다는 것은
얼마나 행복한 일인가.

바람이 스친 자리

바람을 누가 보았나요
바람은 나무 잎을 속삭이며
말을 한다네
"사랑 한다고"

팔도 없어도 만지고
귀가 없어도 듣는 바람

덧없는 사랑 일지라도
사랑했노라고

영원을 노래하겠노라고
사랑했던 당신 바람의 영혼이여!

죽음을 위한 기도

죽음이 나에게 찾아오는 날은
생명이 용솟음치는 봄날이 아니라
인생을 뉘우치는 가을이게 하소서

죽음이 나에게 찾아오는 날은
우울한 장송곡이 아니라 기쁘고 환희에 찬
밝은 행진곡을 부르게 하소서

죽음이 나에게 찾아오는 날은
고통 없는 평온한 일상을 정리하는
허락하신 사명을 다하는 날이 되게 하소서

죽음이 나에게 찾아오는 날은
후회 없이 곱게 익은 아름다운 삶으로
주님과 함께하는 기쁨의 날이 되게 하소서

죽음이 나에게 찾아오는 날은
주님의 구원과 죄의 용서하심과 주님의 사랑을
몸으로 확신하는 날이 되게 하소서

영원한 삶

유언은 가볍게~
아들아 딸아~
세상에 선한 도구가 되길 바란다

정리하며 가볍게 떠날 준비를 하자
빌려온 것 있으면 다 갚고 가자
남은 것 있으면 다 주고 가자
입던 옷 깨끗이 빨아 입고 가자
생전에 주면 선물이고 죽고 나면 유품이 아닌가
가면서 사람 모으지 말자
의술의 목표는 생명이고, 죽음이 아니다.
마지막 길을 품위 있게 인도해 주어야 한다.

"존엄한 죽음으로"
죽음은 쓰다듬으면서 맞아들여야지
싸워서 이겨야 할 존재가 아니니까
걸을 수 있고, 먹을 수 있고, 친구들과 대화 할 수 있어
이렇게 사는 삶이 행복한 삶인걸

바로 오늘은 선물이다
어느 날 홀연히 그 분이 부르시면 누구나 순종하며
순서 없이 가야 할 길
누에고치 허물 벗고 나비되어
훨훨 날아서 영원한 '삶'으로 승화 하리라.

말속의 향기

아름다운 말에는 향기가 있고
사랑이 녹아 있어 행복해 지지요

말을 하지 않고는 살수가 없듯이
세치 혀가 사람을 살리기도 죽이기도 합니다

입에서 뱉은 말은 화살과도 같아서
타인의 가슴에 비수로 꽂이기도 하지요

서로가 꽃을 대하듯 사랑스럽게 미소로
칭찬과 격려로 덕담으로 세워준다면

인격과 자존감이 넘치는 성숙한 사람으로
믿음과 신뢰로 아름다운 세상이 되겠지요.

또 지나가리니

우리의 삶에는 사랑도 지나가고
그리움도 지나가고
때로는 슬픔도 지나가나니

그리움은 그리운 대로
사랑은 사랑하는 대로
슬픔은 슬픔대로 놓아두자

사라지는 모든 것은 허무한 것
살아있음에 감사하며 그 길을
바람에 스치듯 흔들리며 걷는 것이리니

세상에 영원한 것은 없다
아픔도, 사랑도, 상처도, 그리움도
다 지나가는 바람과 같은 것이리니
새롭게 광명의 빛 비치리라.

백세인생

현대는 백세시대라고 하지만
난 단지 오늘을 살 뿐이다

과거에 잘 살았고, 잘 못 살았든
따지지 말자 지나간 일은 지나간 일일뿐

주어질 때 겸허히 감당하고
최선을 다해 사는 것일 뿐이다

내일은 내일 아침에 일어나 봐야
알 뿐이고 미래는 내 몫이 아니다

하루하루가 곧 행복이다
오늘 내가 존재함에 감사하고

오늘 내가 건강함에 감사하며
오늘 내가 일 할 수 있음에 감사한다

오늘 내가 누구를 만남에 감사
감사가 넘치다 보면 저절로 행복해진다

어제는 역사이고,
내일은 미스트리,
오늘은 선물이다.

나누고, 베풀고 감사하면서 사는 삶
이승에서 천국을 맛보는 삶이 아닐까요.

산다는 것

바람이 스치듯 세월은
손살 같이 달린다

살아온 날 헤아려 보면 마음은
찰나의 순간을 넘나든다

정원에 나가 풀꽃도 심고
내 마음도 심어 본다

빨간꽃 노랑꽃 형형색색
화무십일홍

마지막 생 앞에 아름다운 시 한편
절절한 사연 담아 띄어 본다.

죽음의 여로

오늘은 어제의 아깝게 죽어간이가
머물고 싶어 하던 그 하루가 아닌가

빈손으로 왔다가 빈손으로 가는 인생
우리는 언제 어디서 어떻게 죽을 런지 아무도 모른다

죽음은 가장 진지한 삶의 표현이고
삶과 죽음은 일맥상통하며
죽음은 또 하나의 미지의 여행
죽음은 소멸이 아닌 옮겨가는 것임을

삶은 무겁고 죽음은 가볍다
죽으면 말길이 끊어져서 죽은 자는 말이 없고
죽음도 인지할 수 없는 것

죽음은 날이 저물고, 비가 오고, 바람이 불 듯
세수하고 화장하고 면도하듯이 그렇게 일상으로 죽으리라
천국을 향해 간절히 엎드려 기도하리라.

인생의 단계

인생 칠십 古來희라
십오세는 지학(志學)
이십세는 약관(弱冠)
삼십세는 이립(李笠)
사십세는 불혹(不惑)
오십세는 지천명(知天命)
육십세는 이순(耳順)
칠십은 종심(從心)이라
人生七十古來稀는 古稀

배우자와의 만남
친구간의 만남은 단연
으뜸입니다

부부는 평생의 동반자이고
친구는 인생의 동반자이지요

태어나면서부터 죽을 때까지의 삶은
나 혼자만이 아니라
누군가와 함께 동행 하면서 살아갑니다.

나의 선택

한가하게 떠가는 조각구름
잠시 머물러 세월의 굴곡 속에
웃다가 울다가 살아가는 곳

두 손 꼭 쥐고 알몸으로 태어나
두 손 펴고 빈손으로 가는 인생
'Why 왜 사냐고?' 그냥 삽니다

내가 사는데 이유가 없습니다
데카르트의 "나는 생각 한다 고로 존재한다."
존재가 우선이고 왜? 가아니고 어떻게 입니다

즐겁게 살 건지 괴롭게 살 건지
그것은 나의 선택입니다
아침에 눈을 떴다면 오늘도 감사입니다.

멋진 인생

현대는 백세시대라고 하지만
난 단지 오늘을 살 뿐이다

과거에 잘 살았고, 잘 못 살았든
따지지 말자 지나간 일은 지나간 일일뿐

주어질 때 겸허히 감당하고
최선을 다해 사는 것일 뿐이다

내일은 내일 아침에 일어나 봐야
알 뿐이고 미래는 내 몫이아니다

하루하루가 곧 행복이다
오늘 내가 존재함에 감사하고

오늘 내가 건강함에 감사하며
오늘 내가 일 할 수 있음에 감사한다

오늘 내가 누구를 만남에 감사하고
감사한 마음으로 하루가 행복해진다

어제는 역사이고
오늘은 선물이며
내일은 희망이다

나누고 베풀어 감사하면서 사는 삶
이승에서 천국의 환희를 느끼리라.

사람의 향기

사람은 누구나 그 사람만의
지니고 있는 마음씨가 있습니다

가진 것이 별로 없으면서도
남을 도우려고 하는 사람
자기도 바쁘면서
순서를 양보하는 사람

어떠한 어려움도
꿋꿋하게 이겨내는 사람
힘들 때 보기만 해도 위로가 되고
어려움을 함께 해결해 주려는 사람

나의 허물을 감싸주고
나를 고운 눈길로 봐 주는 사람
자기의 몸을 태워
빛을 밝히는 촛불과도 같이

상대를 배려하고 도움을 주는 사람
인연을 깨뜨리지 않는 사람
삶을 진실하게 함께 하는 사람은
잘 익은 진한 과일 향이 나는 사람입니다.

석양

하루의 해가 지는 것을 본다
맑은 날 일몰과 흐린 날 석양은
순간마다 느낌이 황홀경이다

어떤 날은 백야의 모습으로
어떤 날은 단청 같이 저무는 빛의 사위
실눈으로 윙크하듯 서녘에 걸려있다

서로의 살아온 길 다를지라도
마지막 길은 꽃가마 타고 가는 것이라며
멋들어진 클라이막스 천국의 길인가보다

가슴에 담아온 의연한 삶의 편린들
시절을 풍미했던 회억을 버무려
노을이 꾸며 주는 생각에 머문다

애면글면 살던 과거의 시간들 앞에
동쪽 달빛을 데리고 느슨한 기억들
남은 삶을 내려놓으며 황혼녘 훌쩍

잔설로 고요를 풍미하듯 노을이 길을 튼다.

제 5 부

추억을 회상하다

감나무 회상

넓은 뒤란을 에워싼 감나무는
오랜 고택의 역사와 전설이다
소복 같은 감꽃이 떨어질 때면
감꽃 목걸이로 잔뜩 멋을 부린
풋풋한 유년시절이 서려있다

가을이 여물어 갈 무렵
노랗고 탐실한 감이 수북하게
노을빛에 농익어 이웃집을 유혹하면
정겨운 맛에 버무린 수다소리 그립다

황혼길 너머 먼발치 외롭게 바라보는
노부모의 모습처럼 서 있는 감나무들
이맘때면 담홍색 연시 몇 개만이
그리움에 지친 까치밥으로 저 홀로 외롭것다.

노을

붉은 해 삼킨 바다
덩실덩실 춤추는데
아쉬움의 여운 남아
눈시울 적시고

수평선 맞닿은 하늘에
물고기 떼 자맥질 할 때
그리움 따라 너울지는
파도의 소리에 화들짝

암갈색 어둠에 포박된
노을이 바다에 손을 얹으면
가슴 깊이 어둠을 살라
눈부신 과거를 소환한다.

어머니 손맛

보릿고개 시절 어머니의 설움
한숨이 서릿발로 가슴을 휘젓는다

열 식구 삼시세끼
챙겨 먹일 수 없던 가난한 시절
어머니는 비빔밥을 자주 만드셨다
작은 분량의 밥에 텃밭에 널부러진
야채, 산나물, 들나물, 푸성귀를
고추장 참기름 버무려 넣고
시래기와 감자로 끓인 된장에
허기를 채우던 유년시절이 눈물겹다
때로는 국수와 수제비에 호박, 당근, 감자, 죽순
자연식으로 참기름만 치면 꿀맛 이었다
그렇게라도 기죽지 말라며 도닥여 주시던
어머니는 큰 양푼에 비빔밥을 만들어서
식구들이 함께 먹던 때가 행복이고 기쁨이었다

지금도 마음속에 살아있는 어머니의 손맛
오늘도 내 삶의 맨토로 어머니의 비빔밥에
황혼에 들어서 뜨거운 눈물을 삼킨다.

동백섬

동박새 홰를 치면
동백꽃잎 붉게 지고
갈매기 자맥질하며
태종대 둘레길 돌 때
노을이 뚝 바다로 스며든다

파도소리 철석이면
동백섬에 낮달 내려앉고
짭조름한 바다멀리
만선의 뱃고동소리에
동백섬 붉은 사랑 꽃이 된다.

떡국 회상(回想)

정겨운 얼굴들이 모여
안마당에 무쇠 솥 내걸리고
장작불에 소 뼈다귀 우러날 때 쯤

어머니께서 퍼주시던
설설 끓는 뽀얀 눈송이 같은
어슷썰기 떡국에 고명이 얹혀 지고
두레상에 옹기종기 덕담이 물루 익는다

새해 아침
하얀 떡국처럼 새롭게 태어나라고
묵은 시름 벗어 던지고
나이 한 살 더한 만큼 건강 하라고

떡국 버무려 형제 사랑 부모 사랑 푸짐히 먹고
새해는 계획한 꿈들 인내로 견디며
기도하는 마음으로 맞을 일이다.

어머니의 향수

저 남쪽 하늘 먼동이 트면
살며시 고향집 뒤안길로 향한다

햇살이 곱게 피어오를 때
대문 앞 행여 반가운 소식이라도

객지로 떠난 자식들 생각에
활짝 미소 지으며
서성이시던 모습

이젠 아련한 추억으로
포근한 어머니의 사랑과
추억이 듬뿍 담긴 그 시절

집 앞 감나무에
까치만 울어도 먼 길 떠나
고생하는 자식 올까 봐

이 나이가 되어도 나에게는
고향의 향수와 어머니의 사랑
내 가슴을 후비며 울먹입니다..

삼락공원

낙동강 벚꽃 길
소복을 걸쳐 입은 듯
온통 하얀 세상 펼쳐있다

하늘구름 맞닿은 채
바람 따라 사람 따라 꽃비 사이로
옷매무새 하얗게 팔락인다

밀려다니는 인파 속에서
근심 걱정 잠시 내려놓고
환한 웃음으로 시름을 달랜다.

어머니의 밥상

외롭고 힘들 때면
어머니의 손맛이 버무려진
밥상이 그립다

어머니의 음식은
계산 되지 않는
사랑과 정성을 담았으니

더욱이 추억의 음식 맛은
혀끝이 아니라
가슴으로 느껴오기 때문이리라

어머니는 부엌에서 텃밭으로
고된 삶을 살며 힘든 시집살이에
흠뻑 젖은 모시적삼이 마를 날이 없었다

밭이랑처럼 패인 손발로
다 퍼주고 빈손이 되어도
손발이 닳도록 사랑 가득
대 식구를 홀로 먹이셨다

유년시절 어머니의 칼도마 소리는
어머니의 넉넉한 미소처럼
사랑을 요리하는 소리였다
세상을 이길 힘을 길러주는 행진곡이었다.

울릉도

퍼붓는 빗속에 갇혀 며칠 기약도 없이
여행에서 만난 우정 뜬눈으로 새우고

울릉도에서 맛보던 고기 맛 나는
눈개승마 누르스름한 꽃의 그 연한 잎

진한 더덕 향 살짝 웃자란 두릅순 데쳐
얼려 만든 감자떡 너를 잊을 수가 없다

산이 좋아라
성인봉 정상에서
세상을 관조하는 떠나보낼 수 없는 너

탑골공원(파고다)

겹겹이 쌓인 때 묻은 세월 속에
낮은 데로 흘러온 물고기를 닮은 사람들

종로 3가역은 서울의 동맥이며 심장
허리 굽고 기죽은 노인들로 북적인다

비바람으로 걸어온 길
얽히고설킨 세상사 이야기
너나없이 누구라도 손잡으면
형님 아우 되어 하나가된다

키 크고 당당한 저 느티나무 아래서면
서로의 그늘이 되고 싶은 사람들
한 여름이면 그늘진 바닥으로 몸을 앉히고
조여드는 갈증 흘러내리는 땀방울에
빛바랜 신문지로 외로움을 부채질 한다

3만불 시대
빌딩 숲에 눌러앉은 10층 석탑 앞에
죽어서 천당보다 개똥밭에 구를망정
그래도, 이성이 좋으냐고 넋두리 한다.

산림의 노래

인재 만해마을
강원 산림 엑스포
"산림을 노래하다"

산림의 소중함
자연의 위대함을
다시 한 번 기억하고

지구 온난화 문제
인구 소멸의 문제
자연도 사는 공존의 시대

"숲의 이끼에서 만난 문학"
나무를 지키는 것이
지구를 지키는 것이다

"숲이 사람에게,
사람이 숲에게"
산이 날 에워싸고....

물수제비

어린 날 재주부린
물수제비 카펫 위로

하늘빛 내려앉아
눈물처럼 반짝인다

절절한
사연을 담고
지난 세월 읊는다.

석양

석양을 바라보면
눈시울이 붉어진다

수평선 돌아드는
을숙도 갈대밭에

허기진
배를 채우는
물새 소리 여문다.

사모곡

어무이~~ 어무이~
마음속 깊이 새어 나오는 천륜의 소리
눈물이 마음을 덮어 시린 발 동동 구룹니다

무거운 발자국마다 모두 뉘우침뿐
어무이는 하늘같은 존재였습니다
참새 같은 어린 것들 먹이시고 입히신 분

그 장한 일 손톱이 다 닳아버린 멘 발의 어무이
바가지 쌀 씻기 전에 한 줌씩 모아
교회 성미주머니 밥솥 열면서 기도하시던

기도가 삶이 되어 자식 사랑, 나라 사랑,
정직과 공의가 물 흐르듯이
이 민족을 지켜주옵소서

귀에 쟁쟁한 밥상머리 신앙의 교훈
가슴이 먹먹합니다
물려주신 신앙의 유산 이어가며

어무이의 깊은 사랑
감사와 헌신의 삶
이무이 사랑합니다 영원히!

거가대교 (거제도)

어둠을 하얗게 지세며 달려온
거가대교 하늘 길 맞닿은 수평선

옹기종기 모여 앉은 작은 섬들 사이로
새벽 차가운 해풍 온몸으로 맞으며
하늘 길 따라 바다를 품는다

은빛 물결 부서지는 쪽빛 바다
하늘빛 맞닿은 수평선 너머
갈매기 자맥질하며 손길 내어 밀고

일출은 밤새 마신 어둠을 토해내며
잔잔한 파도 위에 거친 숨을 몰아쉰다

꺼억꺼억 거친 울음 깊은 한을 마시며
눈물처럼 와락 하루를 밝힌다

오늘도 풍성한 은총 있음에 감사하며
맑은 영혼은 감사의 기도가 된다.

한강 아리랑

허기진 삶 지친 세월 속 인연으로
햇살 한 아름 그리움만 있다면
사랑이란 이름으로 햇살 맞으리

그리움이 잔잔한 물결로 발등 적시면
우수처럼 흩날리는 퍼즐을 모아
영혼의 하모니로 강변을 노래하리라

그래! 장미라고 다 붉을 필요는 없다
밤비 흐르는 야경 속에서 속절없이 울어도
등대 찾는 마음으로 아름다운 미래를 보리라

파도

지평선 멀리 파도의 울렁거림
토하지 못한 몸부림인가
석 바위 때리며 외치는 소리
철썩 철썩 못다 한 함성인가

대지를 흔들며 밀려오는 파도
모래사장 위로 연민의 정 쏟으며
밀물과 썰물의 우주적 흐름 속에서
철썩~철썩 여운을 남기며 속삭이는 너

밀물로 포용하고 썰물로 화해하듯.

비등점

봄눈 아래 잔뿌리 흙더미 밀어낸다
새싹은 뾰족이 얼굴 내밀고

누가 먼저 꽃 피우랴
앞 다투어 일어서는
푸른 벌판 우거진 숲 하늘로 솟아

붉은 꽃잎 꽃 봉우리 피어내는
두 눈 가득 하였으리

고개 숙인 벌판 비움의 미학으로
먼 하늘은 끝없이 흐른다.

크로바

세 잎 크로바 꽃말은 행복이고
네 잎 크로바 꽃말은 행운이라

행복이 더 좋을까
행운이 더 좋을까

이렇게 많은 행복들 보는 것이 행운인 걸
행복에 젖어 행운을 찾는 중생들아!
크로바 한 잎 두 잎 가슴에 품어보렴.

서 평

김수자 시인의 詩 世界
-회고적 삶의 사유를 중심으로

"나는 생각한다/고로 존재한다"
 - 데카르트의 어록 중에서

『시인, 문학박사 / 조선형』

1.
  데카르트는 사유를 넓은 의미로 '의심하고, 이해하며, 긍정하고, 부정하며, 의욕하고, 의욕하지 않으며, 상상하고, 감각하는 것이다.' 라고 정의한다.
  인간은 사유하는 존재다. 태어나면서 유년기를 거치며 첫 물음은 태생일 거다. "엄마! 아이는 어디서 나오지?" 그리고 주변 자연 생물에 대해 끊임없는 물음들이 이어진다. 아이는 대체로 성장기 학습을 통해 하나하나 의문을 해결해가지만, 노년의 사유는 좀 다르다. 인생에 대한 솔직함 물음이다. 살아온 세월이 앞으로 살아갈 날에 비해 엄청나게 짧다. 따라서 제2 시집 『황혼을 사유하다』는 김수자 시인의 회고적 삶에서 얻은 사유의 편린들을 중심으로 살펴보고자 한다.

시인은 지난해 제1집 『살며 사랑하며 추억하며』를 세상에 내놓았음에도, 곧바로 후속작인 2집 『황혼을 사유하다』를 낸 걸로 보아 그동안의 쉼 없는 창작열의에 깊은 경의를 표한다. 시인은 제1집의 '시인의 말'에서 "잔물결 위에 파도 같은 날들이 철썩이며 지나갈 때 흩어진 삶의 조각들을 모아 가슴 깊이 올린 시편들로 얼굴을 내민다."고 말했다. 그러면서 "인생을 살아가다 보면 다른 나로 살고 싶다"고도 했다.

시인의 시를 읽다보면 1집이나 2집 모두 계곡의 바닥까지 보일 듯이 투명해서 흠 잡을 곳이 없는 느낌을 준다. 있는 그대로의 이야기를 꾸밈없이 진솔하게 털어 놓았기 때문이다.

아침을 깨우는 빗소리 멎자
함초롬한 자줏빛 고운 자태

비개인 하늘 푸르고 맑아
오늘의 감사를 만드는 구나

이 아침 나팔꽃 이슬을 머금고
정겨운 눈빛 인사를 건넨다

활기찬 하루의 푸릇한 여정을
청춘 같이 살라하네.

- 「나팔꽃」 전문

'나팔꽃'의 시에서 애써 군더더기를 찾으려 해도 그저 시가 맑습니다. 아침 이슬을 머금고 활짝 핀 나팔꽃을 바라보며 시인도 그처럼 청초한 하루를 열고 싶어 한다. 정겨운 인사는 시인의 품성이며, 아침의 희망을 열고 활기

찬 하루를 시작하려는 시인의 의지가 엿보이겠지요.

 김수자 시인이 사유의 가장 좋은 때가 궁금하다. 아마 붉게 물든 석양녘에 어쩌면 '커피 한 잔 하며' 황혼의 인생을 회고할 때가 아닌가.

석양은 뉘엿뉘엿 내리면서 하늘을 붉게 물들입니다.
서서히 인생을 관조하며 사유하는 것처럼 낙조 된
저녁의 정적이 깊어 갑니다.

어둠이 깔리면서 사라져 가는 빛과 그림자들….
점점 희미해지는 세상을 보며 한없이 생각에 잠깁니다.

뒤늦은 회한悔恨을 잔물결 위에 띄우며
흔들거리는 물결위로 비추이는 내 모습의 조각들….

2.
 김수자 시인의 2집에서 말하고자 한 '회고적 사유(思惟)'에는 전편 『살며 사랑하며 추억하며』에 나오는 「삶의 의미」를 묻는 데서 이미 시작한다.
 '비를 맞으며 혼자 걸어갈 줄 아는 사람은/인생의 멋을 아는 사람이고/비를 맞으며 혼자 가는 사람은 /인생의 의미를 아는 사람이'고, 그러면서 '한 사람은 또 한 사람의 마른 가슴에 /단비가 된다'(「삶의 의미」 일부)며 비를 맞으며 혼자 걸을 때가 진정 사유의 공간이라고 말해버린 겁니다.
 이는 제1부 '커피 한잔의 여유'라는 제목에서 다소 시인의 여유로운 철학적 공간으로 확대하며, 가을비 추적거리는 날에 외로운 사람에게 편지를 쓰며 '살아 있음에/축배를 든다'며 존재론과 사유의 불가분의 관계임을 말하고 있습니다. 모든 사유의 시작이 데카르트의 명언 "나는 생각한다/고로 존재한다."에서 보듯 '사유'와 '존재'는 서로 분리해 생각할 수가 없다.

시인의 회고적 삶은「청어의 삶」에서 보자.

생명보다 귀한 것이
무엇일까요

나 자신과 내 소유를 위해 살았던
지난날이 무의미 하다는 것을 절실히 느낀다

살아보니
지나고 보니 인생의 절정기는 철없는
청년시기가 아니라

인생의 매운 맛 쓴맛 다 보고
무엇이 참으로 소중한 지를 진정 음미 할 수 있는 시기
60대중반 70대 중반이 삶의 황금기였다는 것을 안다

우리의 삶은
잠시 하나님께 빌린 것
우리는 잘 쓰고 가야 한다

인생의 절정기인 지금
열심히 즐겁게 봉사하며 살아요

베풀어 주신 은혜와 이곳 까지 인도해 주심에 감사하며 살아요.
-「청어의 삶」전문

시인은「청어의 삶」에서 "생명보다 귀한 것이 무엇일까요?"라고 화두를 던지더니,
이내 '우리의 삶이 전적으로 하나님께 잠시 빌린 것'이라 결론을 내리고는 어쩌면 '잘 쓰고 가야 하지 않느냐'며 물음에 대한 답을 준다.
　삶의 의미를 깨닫고 살아가는 6,70 대 노년의 삶은 자꾸 지나온 흔적을 돌아보게 된다. 그것은 청어 같은 젊은 시절엔 앞만 보고 살았으니 그 시절엔 무엇을 사유할 겨를이 없었다는 반증이기도 하다. 결국 시인은 인생의 참된 의미를 음미하는 황금의 시기가 60대 중반에서 70 초반의 나이로 보고 있는 것이다.

돌아보면 혼자인데/기도하니/하나님께서 동행 하십니다//돌아보면 사방이 꽉 막혀 있는데/기도하니/하늘 문이 활짝 열렸습니다//돌아보면 내가 한 것 같은데/알고 보니/하나님이 하신 것입니다...(중략)
-「돌아보면」부분 중에서

　이는 시인의 회고적 사유의 또 하나의 일례다. 그녀의 노년은 늘 '신앙의 산책로'에서 하나님과 마주한다. 그러면서 지난 삶을 반추해볼 때 '기도하니/ 그가 귀 기울이셨고/ 응답하셨다'는 그녀 나름의 사유의 등식을 내놓는다.

　모든 글에는 그것이 시든 소설이든 시나리오든 기타 등등 어떤 장르의 글이건 간에 서론 본론 결론 또는 기승전결 방식의 전개가 독자들이 읽기에도 좋다. 그 중에서 낯설게 하기는 독자들로 하여금 이 대목이 여기서 왜 나오는 거지? 하는 의문을 갖도록 해주기 때문에 독자들로 하여금 엄청난 사유를 불러일으킨다. 그래야 쓰는 사람이

나 읽는 사람 모두에게 공히 글맛을 느낄 수가 있다.
 그런 의미에서 김수자 시인의 서정이 잔뜩 묻어나는 「바람」을 통해 사유의 글맛을 보자.

바람은 스쳐 갈뿐
흔적을 남기지 않는다

저 가지 끝에 맺힌
홍매화의 붉은 꽃망울

누구의 숨결 인가요
이 가슴에 머무는 그리움은

누가 머물다간
흔적 인가요.

- 「바람」 전문

 바람은 머물지 않는다. 흔적도 없이 스쳐 지나는 존재다. 그런데 '바람, 흔적, 홍매화, 꽃망울' 하다가 3연에서 '누구의 숨결인가요' 하고 던진다. 청자는 이 낯설기 부분에서 잠깐 당황하는 듯하지만 결국 누가 머물다 갔는지 조차 모르는 것이 바람의 존재인 것을 알아차린다.

 왁스의 4집 앨범에 '황혼의 문턱'이란 제목의 가사를 보면 황혼의 의미가 확연하게 다가온다.
 어둠을 뚫고 해가 나듯이 우리의 삶은 시작 되고, 태양이 중천에 떠오른 힘이 있던 청년의 야망과 꿈이 서서히 스러지는 석양의 황혼에 선 인생의 자리, 이때가 가장 사유하기 좋은 때이다. 가사를 함축하면 이렇다. "축복받은 인생으로 태어나 사랑받다 사랑하고 이별하고 어른이 되어 험난한 세상을 살다 어느새 늙어 황혼의 문턱에서 옛 추억에 깊은 한숨만 짓는다."는 내용이다.

 시인이 고희를 넘기며 회고하는 인생의 열매는 한 마디로 "인내는 쓰나 열매는 달다."이다. 이와 유사한 고사성어로 '고진감래(苦盡甘來), 고중작약(苦中作藥), 구한감우(久旱甘雨) 등'이 있다. 모두가 고생 끝에 즐거움이 찾아온다는 공통된 의미를 지니고 있다.

시련이 없으면 알맹이가 부실하고/폭풍도 가뭄 같은 갈등이 있어야/껍데기 속의 영혼이 깨어나 여문다네//우리네 삶도 매일 매일 즐겁고 좋은 일만 있다면 우리의 영혼 속에/알토란같이 옹골차지는 않으리라//그친 파도가 유능한 사공을 만들고/세상에 거친 파도 고통과 시련 속에/튼실하고 탐실한 열매를 맺는다네.

-「인생의 열매」전문

 시인은 유독 가을앓이를 한다. 무언가 잃어간다는 것에 대한, 무언가 낮아지고 싶고 비운다는 것에 대한, 더 이상 잃을 것이 없는 황혼 앞에 선 시인의 사유다.

무언가 잃어 간다는 것은
성숙한 여인의 로망

눈이 부시게 푸르른 날을
돌아보며 더 낮아지고 비울 때

분분히 지던 낙엽 바라보며
조금씩 노을빛으로 물들어 가고

세월의 뒤안길 더 잃을 것이 없을 때
더욱 밝고 화사하게 걸어가리라

슬퍼하지 말자 이별이란
빛과 향의 조화이려니

맑은 영혼과 넉넉한 마음으로
향기 가득 피어나는 것이리니.

- 「가을 앞에서」 전문

한편 김수자 시인의 심연 속 추억의 공간에는 고향의 향수와 어머니가 존재한다.
먼저 고향에 대한 향수를 불러일으키는 「석양」을 음미해 보자.

석양을 바라보면/눈시울이 붉어진다//수평선 돌아드는/을숙도 갈대밭에//허기진/배를 채우는/물새 소리 여문다.(「석양」 전문)

석양 앞에 선 자신의 모습이나 황혼의 인생 앞에선 모습이 같다. 부산이 고향인 시인의 을숙도에 대한 추억은 허기진 배를 채우려는 물새의 모습과 허기졌던 시인의 어린 날과 오버랩 된다.
 어머니란 존재는 시차가 없다. 어머니의 자식이 자식을 낳아 어머니가 되어 있어도 유년시절의 추억 속 어머니가 주는 사유는 '손맛과 사랑'이다.
 외롭고 힘들 때 어머니의 손맛이 나는 밥상을 사유하면 치유의 힘이 생긴다.

'유년시절 어머니의 칼도마 소리는/어머니의 넉넉한 미소처럼/사랑을 요리하는 소리였기'(「어머니의 밥상」 일부)에 엄마에 대한 추억만으로도 시인 자신은 물론 모든 이에게 무한 영역으로 세상을 이길 힘을 준다.

3.

　손남주 시인은 "발견의 시학(詩學)은 급소와 경락을 짚는 것."이라고 말한 어느 시인의 말을 인용해 마치 한의사가 급소와 경락을 짚어 진맥과 치료의 핵심을 찾듯이 무릇 시인은 시의 자리를 찾는 일에 힘써야 함을 강조한다.
　그러므로 "시에도 이러한 자리가 있어, 시인은 이 자리를 창조해 내고, 독자는 이 시의 자리를 잘 짚어내는 눈을 가짐으로써 한 편의 시는 짜릿한 감동을 얻는다."고 말한다.
　박곤걸 시인의 산에 묻혀 시의 일부를 인용해보자.

산에 묻혀 풀이나 뜯어먹고 살 거다./산이 받아 줄지 말지/적막강산이다.//막상 산에 당도하니/바위는 눈을 감고/나의 유배에 대하여 묵묵부답이다.//무슨 득도를 할 거라고/천성이 순한 산양이/암벽을 기어올라 초식을 하고 있다.//(「산에 묻혀」 일부 중에서)

　위의 시에서 독자는 무위자연(無爲自然)의 정신을 느낄 수가 있다. 천성이 순한 산양이 무슨 득도를 할 거라고 암벽을 기어올라 초식을 하겠는가! 산에 도를 닦으러 간 것이 아니라, 암벽에 기어올라 초식을 하는 것 자체가 산양의 삶일 뿐이다.

　김수자 시인의 4부 <신앙의 산책로에서>에서 본 신앙시에서도 무위자연의 느낌을 받는다.

나는 보았네 꽃들의 밝은 웃음을
나는 들었네 꽃들의 합창을

시린 가슴 눈물 흘릴 날 많고
쪼들린 살림 탄식도 할 만한데

이슬 머금은 활짝 핀 나팔꽃
생명 주심에 감사하네

삶의 기쁨 찬양하는 밝은 아침
햇살 주신 하나님을 찬미하네

기뻐할 줄 알고 감사 할 수 있어
거친 길섶도 가리지 않는 지혜로운 꽃이었네

이 모든 것 하늘에 소망을 둔 이유였고
기쁨과 찬송은 주님 만난 까닭이었네

.-「기쁨과 찬양」 전문

 위의 시에선 박곤걸 시인의 '산에 묻혀' 초자연적 삶을 살고자 한 흔적은 어디에도 없다. 다만 공통점이 있다면 전자는 산양이 득도하기 위해 산에 묻혀 사는 존재가 아니고, 험한 절벽임에도 불구하고 암벽을 올라 살아갈 수밖에 없는 산양의 일상일 뿐이다. 마찬가지로 후자의 시 「기쁨과 찬양」은 시인의 하루하루의 삶이 거창한 득도를 위함이 아니라 매일의 삶에서 보고, 들은 것을 감사하며 살아가려는 일상을 노래한 것이다.
 사람은 항상 사유한다. 그러나 사유는 존재하지 않으면 의미를 잃는다. 석양이 아름다운 것은 그것이 존재하기 때문이다. 사람도 황혼의 때가 가장 아름답다. 왜냐하면 회고적 사유할 수 있는 가장 편안하고 좋을 때이기에.

황혼을 사유思惟하다

지 은 이 | 김수자
초판인쇄 | 2023년 12월 28일
초판발행 | 2024년 01월 05일

펴 낸 곳 | 도서출판 **영혼의 숲**
펴 낸 이 | 허광빈
디 자 인 | 추혜인

편 집 실 | 서울 중구 퇴계로 45길 31-15
주   소 | 서울 은평구 통일로 53길 9-15
전   화 | 02) 2269-9885
모 바 일 | 010-6770-6440
팩   스 | 02) 2269-9885
E-mail | booksyhs@naver.com

I S B N | 979-11-90780-32-2(03810)

가   격 | 10,000원

※ 이 책의 저작권은 저자와 도서출판 영혼의 숲에 있습니다.
  무단전재와 복제를 금하며 잘못된 책은 교환해 드립니다.

이 도서의 국립중앙도서관 출판예정도서목록(CIP)은 서지정보유통지원시스템 홈페이지
(http://seoji.nl.go.kr)와 국가자료종합목록시스템 (http://www.nl.go.kr/kolisnet)에서
이용하실 수 있습니다. (CIP제어번호 : 979-11-90780-32-2(03810))